AF390629

SERVICE FUNÈBRE,

CÉLÉBRÉ

A LA SYNAGOGUE DE THIONVILLE,

Le 15 Mars 1820,

En l'honneur de feu Mr. MAYER LÉVY, *membre du Conseil municipal de cette ville et du Consistoire israélite de la circonscription de Metz;*

Décédé le 7 Mars 1820.

METZ,

DE L'IMPRIMERIE D'E. HADAMARD.

DÉLIBÉRATION

DU CONSISTOIRE ISRAÉLITE DE METZ.

SÉANCE du 9 Mars 1820.

LES membres du Consistoire israélite de Metz, profondément affligés de la mort de leur digne et respectable Collègue, M. MAYER LÉVY, membre du Conseil municipal de Thionville, décédé le 7 de ce mois ;

Considérant qu'il est de leur devoir de rendre public le témoignage de l'estime générale qu'a su mériter le défunt par les vertus qu'il a fait éclater pendant toute sa carrière et par le zèle infatigable qu'il a constamment porté dans les fonctions qui lui étaient confiées et qu'il a gérées avec cette impartialité qui caractérise l'homme probe et intègre ;

Considérant que, si d'un côté, les éloges que l'on donne aux vertus de ceux qui ne sont plus, ne sont qu'un juste tribut qu'on doit à leur mémoire, d'un autre côté, c'est le plus noble encouragement pour les vivans, qui sont ainsi solennellement invités à marcher sur les traces de celui qui est si justement regretté ;

DÉLIBÈRENT :

ARTICLE PREMIER.

Un service funèbre sera célébré à l'honneur de feu M. MAYER LÉVY, membre du Conseil municipal de Thionville et du Consistoire israélite de Metz, au Temple des israélites à Thionville, Mercredi 15 de ce mois,

II.

Mr. Gerson-Levy, membre du Comité des écoles publiques israélites de cette ville, prononcera l'oraison funèbre.

III.

Un membre du Consistoire, accompagné de Mr. Samuel Wittersheim, membre du Comité des écoles publiques israélites de cette ville, se rendra à Thionville, pour assister à cette cérémonie.

IV.

Copie de cette Délibération sera adressée à Monsieur le Comte de Tocqueville, Préfet du Département, à Messieurs les membres du Consistoire Central, et à la famille du défunt.

Les membres du Consistoire israélite de Metz.

S C H V A B E le jeune,

Jacob-Goudchaux BÉER,

RELATION

DE LA CÉRÉMONIE FUNÈBRE,

Célébrée à la Synagogue de Thionville, en l'honneur de feu Mr. MAYER LÉVY.

QUELQUE triste qu'ait été dans son objet la cérémonie funèbre que le Consistoire a fait célébrer à la Synagogue de Thionville, en l'honneur de feu Mr. MAYER LÉVY, ce spectacle n'a pas été moins beau pour les amis de la tolérance. Déjà le convoi funèbre de ce respectable père de famille, était des plus attendrissans. Les autorités civiles, militaires et administratives s'étaient empressées à lui rendre les derniers devoirs. Les Israélites de l'arrondissement de Thionville s'étaient portés en foule pour accompagner le convoi, et tous ceux qui demeurent dans les communes qui se trouvent entre Thionville et Sierck, l'ont suivi jusqu'au cimetière israélite de cette commune. Là, Mr. Joseph Lion, desservant du temple de Thionville, prononça, en hébreu, une oraison funèbre en l'honneur du défunt. Le 15 Mars, jour fixé par le Consistoire pour la célébration d'un service funèbre au temple de Thionville, Mr. Jacob Goudchaux Béer, Membre du Consistoire, s'est rendu dans cette ville pour diriger la cérémonie ; toutes les autorités civiles et militaires, les plus notables habitans, la population israélite entière, ainsi que celle des environs, remplissaient le temple, qui était tendu de blanc, comme à la solennité du *Kippur* (jour de rémission); la place du défunt était couverte d'une draperie noire, le grand chandelier était allumé, et un grand nombre de cierges entouraient l'arche de la loi. M. Wittersheim aîné, élu second rabbin et membre du Consistoire, a ouvert la cérémonie, en récitant les pseaumes 12, 15, 16, 56; il a prononcé ensuite un discours à l'éloge de son ancien ami. Mr. Gerson-Levy a prononcé l'oraison funèbre, à la suite de laquelle les fidèles ont récité les pseaumes 84, 91, 116. A l'ouverture de l'arche de la loi, l'assemblée a fait la prière pour les morts. Pendant le service, on a fait une quête en faveur des pauvres de la ville. La douleur la plus profonde était peinte sur toutes les figures, le silence le plus religieux et le plus profond recueillement ont régné pendant toute cette lugubre cérémonie.

DISCOURS

*Prononcé en l'honneur de feu M. MAYER LÉVY,
dans le Temple israélite de Thionville, par
M. WITTERSHEIM l'aîné.*

מי יאכל ומי יחוש חוץ ממני !　　קהלת נ' כ"ה.

MES CHERS FRÈRES !

JE ne viens pas ici, comme orateur, prononcer un discours funèbre sur la perte que nous venons d'essuyer. Je
laisse cette honorable tâche à M. Gerson-Levy, désigné par
Messieurs les Membres du Consistoire pour être l'interprète
de l'affliction générale que produit la mort de Mr. MAYER
LEVY, leur respectable collègue. Plus initié que moi
dans l'art de la parole, cet orateur saura mieux s'acquitter de
cette douloureuse mission. Je viens seulement, comme ami
du défunt, jetter quelques fleurs sur sa tombe et m'écrier,
non comme le roi Salomon, au sein de la prospérité :
« Qui plus que moi peut jouir des biens de la vie? Qui
» plus que moi peut donner un libre cours à ses pensées ?»
Mais dans la plus profonde affliction je dirai: qui plus que moi
doit pleurer ? Qui plus que moi doit gémir sur la perte irréparable dont la mort vient de nous frapper?

Il est encore présent à mon souvenir le moment où ce
digne ami fut admis dans la maison de feu mon père d'heureuse mémoire, sous les auspices d'un membre de ma famille ;
il était à l'âge de l'adolescence, j'étais encore enfant ; il

fut accueilli avec bonté , traité avec distinction et chargé de me donner les premières instructions religieuses et d'être le guide de mon enfance. Ce devoir, dont il s'acquittait non en mercenaire , mais avec tout le zèle de la reconnaissance et de l'amitié, lui mérita l'affection de mon respectable père qui, appercevant toujours en lui une loyauté, une probité, un désintéressement à toute épreuve, le chargea de ses intérêts les plus chers et finit par le fixer en cette ville, en lui confiant une gestion importante. Depuis cette époque, la conduite de feu Mr. MAYER LEVY fut généralement appréciée par tous ceux qui le fréquentaient. Vouloir énumérer les actions méritoires qui l'ont fait distinguer pendant sa carrière, serait m'imposer une tâche que ma douleur me rend incapable de remplir. Il n'a laissé échapper aucune occasion de donner des preuves de probité et de bienfaisance ; mais ce que je dois dire, ce que mon cœur me fait un besoin de dire , c'est que nous vivions ensemble en frères ; j'applaudissais dans ses actions les bons principes dont feu mon père lui avait donné des exemples si édifians ; et lui, lorsqu'il me voyait dans la prospérité, il s'en réjouissait et se disait : voilà les succès de mes premiers efforts , j'ai payé au fils les bontés que le père m'avait prodiguées. Tel fût, mes chers frères , le noble caractère de l'homme qui nous a été trop tôt enlevé et de l'ami que je pleure. Mon cœur est encore trop navré pour que ma bouche puisse exprimer toute l'étendue de ma douleur profonde, le tems même ne saura jamais l'effacer. Non, jamais, ce vide dans mon âme ne pourra être rempli.

Mes chers frères , que ce vertueux et respectable citoyen, en l'honneur duquel nous nous trouvons assemblés aujourd'hui, nous serve d'exemple et de modèle. Soyons comme lui attachés à la religion , à la patrie et à notre auguste Souverain ; comme lui soyons le soutien des malheureux. Et vous, qui lui devez le jour , vous, ses descendans, c'est votre respectable père qui vous exhorte par la bouche de son ami et du vôtre : suivez les leçons qu'il n'a cessé de vous donner, le cheminqu'il vous a trace ; imposez-vous le devoir de conserver la haute réputation que les vertus qu'il a toujours pratiquées ont su lui mériter ; soyez dignes par votre conduite, d'être toujours appelés ses enfans, et dans ce moment, joignez vos prières à celles de cette respectable assemblée : invoquons tous l'Etre suprême, le Dieu des vivans et des morts, pour qu'il fasse reposer en paix les cendres de celui que nous ne cesserons de pleurer et pour qu'il fasse jouir cette belle âme de la félicité éternelle.

A M E N.

ÉLOGE FUNÈBRE
DE FEU Mr. MAYER-LÉVY,

Prononcé à la synagogue de Thionville,
par Mr. GERSON-LEVY.

תמת נפשי מות ישרים ותהי אחריתי כמהו

Puissé-je mourir de la mort du juste !
Puisse ma fin égaler la sienne !

(*Nomb. ch. 23, v. 10.*)

MES FRÈRES !

QUELQUE fortes que soient les armes que la raison et
la religion nous fournissent contre l'excès de l'affliction,
quelque ferme que soit notre croyance à une vie plus heureuse
et plus pure, tous les fondemens de notre sagesse sont
ébranlés, lorsque le tems dans sa course rapide enlève le juste
à ses parens consternés, à ses amis allarmés, à ses conci-
toyens plongés dans la douleur. Le cœur navré, les yeux
baignés de larmes, nous nous arrêtons devant sa tombe, et
nous ne trouvons dans ce terrible moment le soulagement que
la religion même semble nous refuser, que dans la triste consolation que la nature nous laisse; les pleurs, l'épanchement
de la douleur, le souvenir des vertus qui ont signalé la carrière
de celui qui n'est plus, vertus qui peuvent servir d'exemples
aux vivans, en leur inspirant cette noble émulation, ce vif

désir d'imiter l'homme de bien et de mériter à leur tour l'hommage public dû à la sagesse de sa conduite. Alors seulement le flambeau de la religion fait luire quelques rayons de consolation dans notre âme abattue, et cette force invisible et cette vertu toute puissante auxquelles n'avait pu résister l'incrédulité de Balaam, s'emparent de notre esprit et de notre langue, comme lui nous nous écrions.

המה נפשי מות ישרים ותהי אחריתי כמהו ·

Puissé-je mourir de la mort du juste !
Puisse ma fin égaler la sienne !

Entreprendre l'éloge funèbre du digne et vertueux citoyen que nous venons de perdre, le présenter comme un modèle à nos frères affligés, offrir à leurs yeux les résultats d'une vie laborieuse et consacrée à l'honneur, à la probité, à l'amour du bien, c'est le moindre hommage qu'on puisse rendre à la mémoire de feu M. Mayer LÉVY, membre du Conseil municipal de cette ville et du Consistoire israélite de cette Circonscription.

Quelque faible que soit l'esquisse que je vais tracer du caractère de cet homme vénérable, on n'en reconnaîtra pas moins la ressemblance. Je laisse la perfection du tableau à ceux qui, plus heureux que moi, pouvaient admirer de plus près les vertus de ce respectable vieillard.

Vous, qui cherchez le mérite dans l'illustration du génie plutôt que dans la vertu, dans les appas trompeurs d'un faux éclat plutôt que dans une vie modeste et privée, vous ne trouverez pas dans celui que nous pleurons, la perfection illusoire à laquelle vous vous attachez ; mais vous, qui vous plaisez à contempler les qualités intérieures du cœur humain et la vertu dans sa noble simplicité ; vous, qui embrassez la probité plutôt que la fortune, vous trouverez un modèle dans celui dont nous déplorons la perte, vous verrez dans cet éloge l'expresion d'un cœur profondément pénétré, plutôt qu'une vaine déclamation.

Que ces êtres privilégiés dont les parens sont favorisés par le sort et par les dons de la fortune, dont la jeunesse est confiée à des guides sages et éclairés, fassent des progrès dans les lumières et les vertus; certes ils méritent nos hommages, mais ils n'excitent pas notre étonnement; ils suivent l'impulsion qu'on leur a donnée, la route qu'on leur a tracée; mais un enfant abandonné au caprice du hasard, obligé par l'empire de la nécessité de quitter dans l'âge tendre ses parens, ses jeunes amis, le sol qui l'a vu naître, errant dans une province étrangère, sans appui, sans soutien, si dans une semblable position il triomphe des obstacles, développe ses facultés, prospère malgré les entraves, si ses richesses n'ont rien coûté à ses vertus, sa fortune à sa conscience, s'il consacre une partie de cette même fortune au bien-être de ses semblables, celui-ci mérite, non-seulement nos hommages, mais aussi le tribut de notre admiration.

Tel fut, mes frères, le respectable M^r. Mayer LÉVY.

Élevé à une époque où des barrières invincibles semblaient encore séparer les enfans d'une même patrie, dans un tems où la raison et la philantropie n'avaient pas encore fait luire leurs rayons salutaires sur un peuple écarté de toutes les fonctions et de tous les emplois, de tous les arts et de toutes les professions, dans une province où l'intolérance contre la secte israélite avait pris des racines plus profondes que dans toutes les autres parties du royaume (1), il ne devait, sans doute, pas briller dans les lettres et les sciences; mais il savait acquérir la plus belle des sciences, celle de l'honnête homme; de l'énergie dans les sentimens, du courage dans les principes, de la fermeté dans les desseins, de la prudence et de l'activité dans l'exécution, et c'est là ce qui constitue

---

(1) L'Alsace.

un caractère dont le savant même est souvent privé et qu'il ne dédaigne jamais.

Mr. Mayer LÉVY, d'après les heureuses dispositions qu'on lui avait remarquées dès l'aurore de sa jeunesse, fut, suivant l'usage de son tems, destiné à l'etude de la théologie rabbinique. Dans l'état d'indigence où se trouvaient ses parens, il fut envoyé à Metz, où, manquant de tout, privé des moindres ressources, il devait faire ses premières études.

Bravant les rigueurs du sort et de l'infortune, il montra le zèle le plus actif dans cette carrière épineuse. Ses rapides progrès, la rectitude de son jugement, la solidité de son intelligence, étonnèrent ses maîtres et ses condisciples. Dans les circonstances actuelles, on aurait mis à contribution ces heureuses dispositions, en les dirigeant aussi vers les sciences et les arts ; mais dans ces tems d'intolérance et de persécutions, quels attraits les connaissances humaines pouvaient-elles avoir pour l'homme isolé et réduit à une nullité complette dans l'ordre social ? Toute l'ambition du jeune Israélite opprimé devait se réduire à se voir attaché au comptoir d'un négociant, si la médiocrité de sa fortune ne lui permettait pas d'aspirer au trafic ou aux finances, seules ressources que les lois de l'Etat lui accordaient.

Aussi M. Mayer LÉVY se trouvait trop heureux, lorsque feu Mr. Seligmann Wittersheim, l'un des plus riches et des plus honnêtes négocians de la ville de Metz, appréciant sa conduite, ses mœurs et son intelligence, lui confia la direction de ses affaires. Pénétré des devoirs et de l'importance de cette fonction, il était attentif à s'en acquitter avec la plus scrupuleuse exactitude, avec le plus fidèle dévouement. Semblable à un autre Joseph, il devint le confident et l'ami de son chef. Plein d'énergie et de caractère, autant que de douceur et de bonté, il parvint toujours à terminer avec avantage les différends de son protecteur, dans la discussion de ses intérêts.

Ce que feu Mr. Cerf Berr disait de lui à cette occasion, est la plus belle apologie qu'on puisse faire de la fidélité d'un homme de confiance.

On sait que Mr. Cerf Berr, syndic-général des Israélites alsaciens, était un des hommes les plus puissans de sa nation, tant par l'immensité de ses richesses que par la protection des grands de la cour et du Monarque lui-même. Il eut une vive discussion d'intérêts avec M. Seligmann Wittersheim. Le jeune MAYER LEVY fut chargé de concilier les deux parties, voyant la justice du côté de M. S. Wittersheim, il lança une lettre en traits de feu contre M. Cerf Berr, et le força de plier à ses remontrances. Peu de tems après Mr. Cerf Berr arrivant à Metz, et convenant de ses torts, alla rendre ses hommages à son ancien adversaire, et se faisant présenter le fidèle chef de bureau, il dit à son patron: *Sans doute votre fortune est grande, mais votre plus beau trésor, c'est le commis que vous avez su choisir.*

Celui qui se distingue par l'assiduité, l'ordre, la probité et l'attachement à son supérieur, mérite en quelque sorte, plus de considération que le tendre fils qui pourvoit à la nourriture de ses parens ; le dernier ne paye qu'une dette, il suit l'ordre de la nature ; le premier suit la vocation d'une conscience éclairée.

Investi de la confiance et de l'amitié de son protecteur, M. MAYER LÉVY arriva à Thionville en qualité de garde-magasin des fourrages. Sa bonne foi, sa délicatesse et son désintéressement y furent appréciés et lui concilièrent l'estime des dignes habitans dont s'honore cette noble cité. Sur la recommandation des plus notables citoyens il obtint, par anticipation, de la munificence royale, des lettres-patentes qui lui accordaient le droit de domicile dans cette contrée, jadis espagnole, et où prévalait encore l'ancien usage d'interdire la demeure aux israélites. C'était de la part du Monarque, faire beaucoup pour ces tems ; et la ville , loin de s'en plaindre, se plaisait au contraire à augmenter par la personne de M. Mayer LÉVY le nombre de ses bons citoyens.

En effet , lorsque les lumières du siècle et l'humanité du plus infortuné et du meilleur des Rois vinrent rompre les barrières injustes qui séparaient les citoyens de croyances différentes, lorsqu'à l'ombre de la plus précieuse des libertés, celle des cultes, les Français ne formèrent plus qu'une seule et même famille, l'opinion publique s'est empressée à désigner M. Mayer LÉVY pour siéger dans le conseil de l'administration municipale de cette cité. Cette marque d'une honorable distinction était digne d'un peuple impartial et éclairé , digne du zélé citoyen qui attaché à tous , était aimé de tous, et captivait par ses services et ses bienfaits l'estime de tous les gens de bien. Sa vie entière n'était qu'un enchaînement de vertus , de douceur et de probité. Le bonheur n'enfla jamais son cœur , l'adversité ne put jamais l'abattre. Toujours homme d'honneur , il bannissait l'artifice, la ruse et les détours ; incapable de faire du tort à qui que ce fût, il vouait un souverain mépris , une aversion profonde, à ceux qui, suivant une route ténébreuse et écartée , corrompent la vigne du Seigneur et compromettent, par leurs écarts, les principes d'une religion qui n'est que douceur et charité , d'une religion qui compte l'amour du prochain pour le premier et le plus saint des devoirs , d'une religion qui inspire un attachement inviolable et un amour vraiment fraternel pour l'étranger même, et si d'après l'opinion consacrée du plus sage de nos docteurs , du vénérable Hillel, l'amour de notre semblable est la pierre angulaire de toutes les vertus religieuses (1) , nous osons affirmer que M. Mayer LÉVY était un des meilleurs Israélites.

---

(1) Un Païen s'étant présenté chez Hillel , (Rabbin célèbre qui vivait du tems du second Temple,) lui dit: J'embrasserais de bon cœur ta loi si tu pouvais me l'enseigner dans le court intervalle qu'il faut pour se soutenir sur une seule jambe. En bien moins de

Aussi , à peine le Gouvernement s'occupait-il de l'oganisation de notre culte , que Mr. MAYER LÉVY remplissait une place distinguée parmi les notables israélites de la circonscription de la Moselle. Depuis long-tems il avait déjà voué ses soins à maintenir l'ordre dans ce temple; il y fit régner la plus exacte discipline , prévint tous les scandales et tous les troubles occasionnés par l'impiété , et sut rendre l'autel du Seigneur digne des hautes cérémonies qui en sont l'objet ; il eut même une part active à la construction de cet édifice religieux ; son zèle , son dévouement et ses largesses en hâtèrent la fondation. D'après ces dispositions et les principes qu'on lui connaissait , il devait certes être désigné comme commissaire de ce même temple , par les respectables citoyens qui composent le Consistoire de ce département. Elu à cette fonction religieuse , il déploya le plus grand zèle pour le maintien des principes émanés du grand Sanhédrin. Sachant qu'il était revêtu de la confiance du Consistoire , et entièrement dévoué à la sainteté de ses devoirs , il guidait ses frères par la sagesse de ses conseils et plus encore par l'exemple de sa conduite. Jamais il n'a cessé de mériter les applaudissemens des administrateurs qui l'avaient délégué , jamais il n'a perdu le suffrage des respectables autorités de cette ville. C'était lui qui , dans les différends, était le conciliateur et le pacificateur entre l'Israélite et le non Israélite , tous s'en rapportaient à son jugement , à son expérience et sur-tout à son âme généreuse, sa raison ne manquait pas de prévaloir , et tous sans distinction de cultes , étaient édifiés de sa justice et de son impartialité.

A combien d'hommes prévenus n'a-t-il pas inspiré des

---

tems , répondit le sage docteur, « Ne fais pas à autrui ce que tu ne voudrais pas qu'on te fît. » Voilà la loi ; le reste n'en est que le commentaire; étudie, et tu t'en convaincras. (*Talmud, traité du sabbat*).

sentimens de tolérance par ses actions , sa conduite et son intégrité ? Combien d'Israélites n'a-t-il pas détournés d'un commerce illicite , par ses conseils salutaires ? Combien d'autres n'a-t-il pas arrachés au mépris et à l'avilissement ? Il dévoilait la calomnie de nos détracteurs , faisait discerner l'innocent d'avec le coupable, et arrêtait le bras de la justice prête à s'appésantir sur le premier ; la douceur et la modération étaient sa règle invariable, et dans tout le cours de son administration, on ne pouvait lui reprocher un seul acte d'injustice.

Avec des qualités aussi éminentes , il ne devait pas rester long tems simple commissaire de temple , et à la première élection que le Consistoire avait à faire d'un nouveau membre , Mr. M A Y E R L É V Y rénnissait les suffrages des notables. Il ne lui restait plus à ajouter beaucoup au bien qu'il avait déjà fait comme commissaire du temple ; mais il aurait atteint le terme de tous ses désirs , si son plan favori avait pu recevoir son exécution , s'il avait vu dans ces murs s'élever, en faveur de ses coréligionnaires, une école d'enseignement élémentaire, à l'instar de celle établie à Metz, et à la création de laquelle a contribué avec tant de sollicitude et de philantropie le digne magistrat qui se trouve à la tête de l'administration de cet arrondissement (1). Si, disait il , la bienveillance de ce chef zélé a provoqué un établissemedt d'instruction en faveur de

---

(1) M. Teissier, Sous-préfet de l'arrondissement de Thionville, Chevalier de la Légion d'honneur, est le premier qui, dans le conseil de la société d'encouragement pour l'instruction élémentaire , ait élevé une voix généreuse en faveur de l'établissement d'une école publique israélite à Metz. Sa proposition accueillie avec empressement par ses dignes collègues, fut suivie immédiatement de la fondation de l'institution qui, soutenue par la bienveillance de l'autorité, promet aux Israélites une prompte régénération et à la ville, l'avantage de voir augmenter le nombre de ses citoyens utiles. Ce service rendu à une classe nombreuse de Français est digne de celui qui le premier a introduit dans le département de la Moselle, la méthode de l'enseignemens mutuel.

la jeunesse israélite de Metz, que ne fera-t-il pas pour ses propres administrés, lorsque d'ailleurs il est si puissamment secondé par l'empressement que met le respectable chef de l'administration municipale de cette cité (1) à hâter l'exécution de tout ce qui est utile et salutaire ? Oui, les progrès des israélites dans les sciences, les arts, la carrière civile et militaire, l'intéressaient au plus haut point, et si, à défaut de moyens, il n'a pu parvenir à voir établir dans cette ville une institution où les jeunes israélites fussent formés à la religion, à la vertu, aux devoirs du citoyen, il n'a pas moins disposé tous les esprits à former des vœux pour un établissement aussi indispensable ; et Mr. le Sous-Préfet aussi bien que Mr. le Maire, toujours animés du noble désir d'opérer le bien, ne manqueront pas d'accomplir des vœux aussi ardens.

Quoiqu'il en soit, Mr. MAYER LÉVY a toujours cherché à diriger sa propre famille dans les principes d'une éducation sage, éclairée et à la hauteur du siècle; il savait que si le Gouvernement accorde à l'Israélite des droits jadis méconnus, il lui impose aussi de nouveaux devoirs. Il destinait son fils à un état honorable et lui donnait toute l'instruction nécessaire à un bon citoyen ; son frère se livrait aux travaux de l'agriculture ; son neveu, capitaine d'artillerie au régiment de Strasbourg, non moins distingué par son rare courage que par ses talens militaires, fut revêtu au champ de la gloire, de cette noble décoration, insigne des braves défenseurs de la patrie.

L'homme d'honneur a pour maxime de ne tromper personne, de ne jamais rien faire contre la justice et la loyauté, il rougirait de s'enrichir par des gains sordides. Le trait suivant, consigné par Mr. le général Hugo, dans le journal historique du blocus de Thionville, est digne de servir

---

(1) M. Warel de Beauvoir, Maire de Thionville.

d'exemple à tout homme bien pensant. Voici dans quels termes s'exprime ce valeureux commandant de la place de Thionville :

« L'un des citoyens professant le culte israélite, chargé
» d'une grande fourniture pour les armées, ne voulut point
» signer un marché, qu'on n'en eût diminué le montant, at-
» tendu que le prix demandé par ses co-associés, pour la
» ration de viande, était trop fort de deux centimes et demi
» par chacune d'elles. Qui ne reconnaît là Mr. Mayer Lévy ?
» Une dame étrangère voyant des mendians se presser autour
» de la porte de ce bon citoyen, à certains jours réglés de la
» semaine, pour recevoir d'abondantes aumônes, lui demanda
» si ces pauvres gens étaient de sa religion. *C'est ce dont je ne*
» *m'informe point, Madame, répondit-il, il me suffit qu'ils*
» *soient dans le besoin.* Qu'on ne croie pas que de pareils
» traits de patriotisme et de vertus privées soient rares chez
» les Juifs français ; ils ont parmi eux un grand nombre de
» familles très-respectables et dont le nombre s'accroîtra de
» jour en jour, puisque nos lois ne font pas de différence
» entre les hommes d'un culte et ceux d'un autre (1). »

Oui, ce nombre s'accroîtra de jour en jour, grâce au Gouvernement paternel du meilleur des Rois, qui met toute sa gloire dans l'amour et le bonheur de tous ses sujets; il s'accroîtra sous un Gouvernement dont les lois sont fondées sur les bases immuables de la sagesse, de la justice et de l'humanité; il s'accroîtra, lorsque nous suivrons l'exemple de l'homme de bien que nous pleurons, lorsque nous ne nous bornerons pas à une stérile admiration de ses vertus et de ses qualités, lorsque nous nous empresserons à suivre les traces d'un si beau modèle.

O vous, qui devez le jour à un père si vertueux ! vous dont l'aspect porte encore l'empreinte de la douleur la plus déchirante, gardez-vous bien de dégénérer des vertus d'un si digne père, vous ne sauriez attacher trop de prix au bonheur

______

(1) Journal historique du blocus de Thionville, page 213.

d'avoir été l'objet de sa plus douce affection. Non, ce père chéri ne vous a pas quitté, son âme immortelle plane sur vous, elle vous contemple, elle vous juge dans un monde plus heureux et plus pur, du séjour immortel, elle veille constamment sur vous, et rentrée dans le sein de la divinité, sans-cesse elle vous rappelle vos devoirs, afin que vous deveniez l'imitateur de ses vertus.

Et vous, ses enfans adoptifs ! veuves, orphelins, indigens, malheureux de toutes classes ! vous avez tous perdu un père et un appui. Ses richesses portaient l'abondance sous vos humbles chaumières, comme ces vapeurs bienfaisantes que le soleil attire pour les répandre en pluies fertiles sur la terre. Arrosez sa tombe des larmes de la reconnaissance, et que vos bénédictions l'accompagnent dans le sein de l'éternité.

Et vous, dignes membres du Consistoire ! qui plus que vous peut s'écrier :

חבל על דאבדין ולא משתכחין !

Où trouverez-vous un nouveau collègue, qui, comme lui, oublie ses propres avantages, sacrifie au bien général, son repos, sa fortune et ses plus chers intérêts ? Il nous est enlevé, helas ! sa perte est irréparable, mais sa mémoire restera toujours avec nous, elle nous sera toujours chère, toujours sacrée. Du fonds de notre âme nous lui rendrons sans-cesse ce témoignage unanime : Il fut l'ornement de sa secte et l'orgueil de ses amis.